JN419017

받아쓰기

국립중앙도서관 출판예정도서목록(CIP)

받아쓰기 : 임영석 시집 / 지은이: 임영석. -- 서울 : 문학공원, 2016
p. ; cm

ISBN 978-89-6577-194-4 03810 : ₩10000

한국 현대시[韓國現代詩]

811.7-KDC6
895.715-DDC23 CIP2016019459

문학공원 기획시선 13

받아쓰기

임영석 시집

환히 들여다보이는 말 말고
받침 하나 넣고 빼는 말 말고
모과나무가 받아 쓴 모과 향처럼
살구나무가 받아 쓴 살구 맛처럼
그런 말을 배워 받아쓰고 싶다

문학공원

<시인의 말>

꿈의 부피

꿈의 부피는 풍선을 불어야 하는 심정 같다
풍선이 터지지 않게 힘 조절을 잘해야 한다
너무 크게 불면 터지고
너무 작게 불면 둥둥 떠가지 않는다
시 쓰는 것도 마찬가지다
어느 시인은 돌을 갈아서 나를 바라보는 일이라 했다
물렁한 돌을 갈아서는 나를 비출 수 없다
30년 동안 내가 무엇을 했는지 모르겠다
이 시집도 그 길을 찾아가기 위한 이정표에 불과하다

2016년 초가을

치악산 밑에서 임 영 석

CONTENTS

시인의 말…………5

1부. 동백꽃 숲에서 혼자 울다

받아쓰기…………12
엉덩이를 빌리다…………14
영역(營域)…………16
콩나물…………17
비밀에 대하여…………18
사막…………20
만 원짜리를 바라보며…………21
나무는 왜 높이, 높이 자랄까…………22
똥을 싼 별…………23
삼천갑자(三千甲子)…………24
연리지…………25
내 마음의 그리운 섬에서는…………26
허수아비…………27
특정세력…………28
동백꽃 숲에서 혼자 울다…………29

2부. 방울토마토에게

범칙금……………32
위선자……………33
딱따구리……………34
여름 밤……………35
내 몸의 바퀴……………36
내가 죽다……………38
천태산 은행나무에는 누에들이 산다…………40
까치집……………41
염치(廉恥)가 없다……………42
방울토마토에게……………44
산경(山經)……………45
어떻게 손 쓸 방법이 없다……………46
해동(解凍)……………48
쌀밥……………50
무제(無題)……………51

CONTENTS

3부. 生의 일기

바코드··············54

비무장 지대, DMZ··············55

아버지··············56

바위 그릇··············58

고집··············60

중력(重力)··············61

세월··············62

깊은 얼굴··············63

온몸··············64

하루··············65

生의 일기 · 1··············66

生의 일기 · 2··············68

生의 일기 · 3··············70

개미의 주소··············71

고독사(孤獨死)··············72

4부 능소화 그물

슬픔에 붙여……………76
꿈에……………77
염장이……………78
헐린 옛 집터에서……………80
나는 지금 아무 것도 하지 않는다……………82
한 시간……………83
한여름에……………84
능소화 그물……………86
뼈의 말, 살의 말……………88
먹구름……………90
착각……………92
꽃을 보며……………94
늙은 어부……………95
박물관에서……………96
뻔하다……………98
장마에……………100
기적(奇蹟)……………101
하루 중 30분만이라도……………102

작품해설

인내, 그 견딤의 언어 / 김순진……………104

1부
동백꽃 숲에서 혼자 울다

받아쓰기

내가 아무리 받아쓰기를 잘해도
그것은 상식의 선을 넘지 않는다
백일홍을 받아쓴다고
백일홍 꽃을 다 받아쓰는 것은 아니다
사랑을 받아쓴다고
사랑을 모두 받아쓰는 것은 아니다
받아쓴다는 것은
말을 그대로 따라 쓰는 것일 뿐,
나는 말의 참뜻을 받아쓰지 못한다
나무며 풀, 꽃들이 받아쓰는 햇빛의 말
각각 다르게 받아써도
저마다 똑 같은 말만 받아쓰고 있다
만일, 선생님이 똑같은 말을 불러주고
아이들이 각각 다른 말을 받아쓴다면
선생님은 어떤 표정을 지을까
햇빛의 참말을 받아쓰는 나무며 풀, 꽃들을 보며
나이 오십에 나도 받아쓰기 공부를 다시 한다
환히 들여다보이는 말 말고

받침 하나 넣고 빼는 말 말고
모과나무가 받아 쓴 모과 향처럼
살구나무가 받아 쓴 살구 맛처럼
그런 말을 배워 받아쓰고 싶다

엉덩이를 빌리다

엉덩이가 때로는 손이 될 때가 있다
양 손에 무거운 짐을 들고 유리문을 밀고 나갈 때
발은 땅에, 손은 무거운 짐에 묶여 있으니
화장실이나 가서 내밀던 엉덩이를 빌린다
그런데 지난 봄, 매화나무 가지마다
하얀 봉우리를 눈꽃처럼 가득 피어 놓을 때
그때도 엉덩이를 빌려 피웠는지
남쪽으로 뻗은 가지가 더 많은 꽃을 피웠다
아무래도 북쪽의 나뭇가지는 매화나무의
엉덩이였기 때문에 꽃망울을 잡지 않고
봄의 문을 밀고 들어섰던 엉덩이였나 보다
양 손에 꽃망울을 움켜잡았던 매화나무나
짐을 들고 있는 내 모습에서
엉덩이 빌리는 것은 마찬가진데
어찌하여 난 엉덩이에 구린내만 나고
매화나무 엉덩이는 꽃샘추위를 녹여 꽃을 피워내는가
꽃 같은 세상 만들겠다는 매화나무의 굳은 의지가

매화나무 엉덩이에 굳은살로 가득 배겨있으니
앉지도 서지도 않고, 평생 제 고집의 한 자세로
손과 발을 대신하겠다는 엉덩이의 다짐,
왠지 어정쩡한데 그 자세가 편해 보인다
작자미상의 모든 매화도(梅花圖)는 손과 발을 쓸 수 없어서
그 시절 엉덩이를 들이밀었던 그림이 아닐까

영역(營域)

모든 것은 자기 영역이 있다
그 영역 안에서 태어나고 죽어간다
제 영역을 벗어나 생명의 가치를 찾는 것은 없다
쓰레기가 쓰레기장 안에서 자기 부피를 키워내고
꽃들이 꽃밭에서 자기 부피를 키우며
고행을 배우는 것이다
아뿔싸, 그러고 보니 내 영역은
밥 먹고 똥 싸고 발가벗고 옷 입는 내 집이니
내 삶의 가락이 모두 고행이었구나,
박달나무 숲 그림자여
소나무 숲 솔향기여
흰 구름 머금은 강물이여
그대들 살아가는 숨소리가
얼마나 큰 기도였는지 이제야 알겠다
그대들 찾아가 기도소리 듣고 오면
내 눈과 귀가 이만큼 맑은데
내 삶의 영역은 오늘도 난장판이다

콩나물

다 자랐다고 생각한 콩나물,
한 줌을 뽑아내어 다듬다가 보니
그 껍질이 비릿하게
제 몸의 얼굴을 반쯤 감싸고 있다
물만 먹고 사는 몸이니
히쭉 웃으면 가벼워 보이고
활짝 웃으면 헤퍼 보이니
절대 밝은 빛에 현혹되지 말고
뿌리 깊숙이 마음을 두었던 다짐,
끓는 물속에서도 그대로 드러난다
설익으면 비린내 나고
너무 푹 익으면 씹는 맛이 없으니
그 껍질이 제 뿌리를 다독였던 시간
물방울 소리는 종소리였을 거다

비밀에 대하여

네 애인의 첫사랑 같은 거 너무 캐묻지 마라
꽃들이 제 향기의 무덤을 생각하고 피는 것은 아니다
누구 좋으라고 피는 것은 더 더욱 아니다
어쩌다 술 취해 하룻밤 잤다고 애인이라면
장미 여관에서 서너 명씩 손님을 받는 그 여자
하룻밤 남자들 줄 세우면 숲을 이루고 남을 것이다
엉덩이가 좀 처져 있으면 어떠냐
쌍꺼풀 수술로 눈이 짝짝이면 어떠냐
오늘도 키스 방 알바를 하며 혀를 내주던 여자도
제가 사랑하는 남자 앞에서는
키스를 할 줄 모르는 여자가 되어 있을 것이다
돌을 감싸고 자라는 나무가 돌의 나무가 아니듯
물속에 뿌리내려 자라는 나무가 물의 나무가 아니듯
먹구름 속에 감추어진 빗방울처럼
비밀은 항상 네 몸 밖에 있다 물고기가
물 밖에서 살지 못하는 것처럼
네 애인의 비밀을 아는 순간 너의 애인이 아니다

물 밖의 세상이 아무리 아름다워도
네 애인을 물 밖으로 꺼내지 마라
비밀이란 물 밖에 나와 썩어가는 물고기들의
살 냄새에 불과하다

사막

사막의 모래는 모래가 아니라 칼이다
칼날 같은 모래 위에는 풀들도 자라지 않는다
마음이 베어 뿌리를 내리지 못하기 때문이다
바람이 아니면 이 사막에 와 살지 못한다
이 사막에 와 살겠다고 하는 者,
뜨거운 모래에 써 놓은 햇빛의 글들을 읽어야 하고
풀들도 살지 않는 고독과 싸워야 한다
한 발자국 앞으로 걸을 때마다
모래의 칼날이 마음을 뚝뚝 잘라내는
고립의 향기를 맡아야 한다
누군가 사랑했다는 것,
누군가 미워했다는 것,
저절로 지워지고
저절로 새로워지는 사막의 언덕은
언덕이 아니라 발바닥 감춘
칼날 같은 세월이었다

만 원짜리를 바라보며

만 원짜리 지폐 한 장을 꺼내서 가만히 바라본다
곳곳이 위조할 수 없는 비밀이 숨겨져 있다
해와 달이 하나뿐이라는 일월오봉도,
반으로 접어보니 해와 달이 한곳에 겹쳐진다
음과 양의 기가 한 곳에 만나 통하는 세상
얼마나 많은 문양을 완성해야 이루어진다는 말인가
또한 보는 각과 빛에 따라 나타나는 홀로그램은
그 이치가 사람의 마음처럼 보인다
만 원짜리 한 장이면 한 달 치 소식을 전하는 월간 잡지를 사볼 수가 있고
어리광 부리는 조카딸의 입을 봉할 수도 있고
시인의 고단한 눈빛이 묻어 있는 시집 한 권을 사볼 수 있는데
만 원짜리가 내 삶의 표현을 갉아 먹고 있다
얼마나 많은 이 세상의 말을 압축해 놓았으면
돈 앞에서는 할 말을 잃게 할까?

나무는 왜 높이, 높이 자랄까

나무는 왜 높이, 높이 자랄까
자꾸자꾸 높이 자라기만 하는 나무,
제 키 만큼의 높이를 만들기 위해
땅속의 어둠을 끌어 앉고 울면서
가지 끝의 바람에게 다 날려 버린다
그래도 무엇이 부족하여
여름 한철 매미소리 기도문처럼
외우로 외우고 외우다가
별 하나 떠오르면 어둠의 등이 되어
이 땅에 기대지 못한 그리움을 빚어낸다
그렇게 나무는 하루하루
눈에 보이지 않는 키를 키워
하늘과 가까워지려고 한다
내가 살아서 손잡을 수 없는 사람
그 손을 마주 잡아주려고
자꾸자꾸 자라는 것만 같다

똥을 싼 별

아름답기만 한 별들도
똥을 싼다

그 모습이 마치
참새가 제 새끼의 똥을 물어다가 버리듯
허공에 휙 버린다

순간의 일이다

똥을 싼 별
아무 일 없다는 듯
빛난다

삼천갑자(三千甲子)

내 하루하루 읽고 쓰는 詩가
삼천갑자에 치면
바람의 먼지 같은 것인데
세월이 길다 짧다
말하기 전에
꼭 한 마디, 알아 둘 일은
일 갑이나 삼천갑자나
오늘이 없다면
내일이 무슨 소용 있겠나
삼천갑자 십팔만 년도
누군가에겐
바람에 떨어지는 낙엽이리라

연리지

나무마다 나무들의 말이 있다
그 말들의 뜻을 보면
살아온 내력들이 빼곡히 적혀 있다
어떤 것은 넓은 잎에
어떤 것은 뾰족한 잎에
제 살아온 날의 일을
일기처럼 적고 있다
간혹, 다른 나무끼리
꼭 껴안고서 떨어지지 않는 걸 보면
백 살이든 천 살이든
마음 맞는 눈빛은
나무라 해서 피해갈 수 없는가 보다
그래도 서로가 몸을 맞대 와중에
어미가 붙여준 이름은 버리지 않는다

내 마음의 그리운 섬에서는
–제주도

하루 종일 울음의 울타리는 그리움을 놓지 못하고
빈소라 껍질 속을 채우는 일 말고는 아무 일도 하지 못했다
그렇게 지어미와 아비를 잡아먹고 살다가
달빛 같은 가시내속을 또 우려먹고 살다가 몽당돌이 되었다
파도에 밀리며 자그락, 파도에 끌려가며 자그락,
자그락 자그락, 그 한 마디 말만 되풀이할 뿐이다
단단한 몽당돌이 자그락거리는 말을 내뱉을 때마다
저를 가둔 눈물을 거두어 가겠다는 것인지
울음의 울타리에 달빛이 걸려 빠져나가지 못한다
저 달도 오늘 밤, 꼼짝없이 잡아먹히겠다

허수아비

농공단지 입주반대 현수막 뒤로
허수아비가 줄지어 서 있다
짧은 미니스커트 치마를 입은 허수아비
그 뒤로 나이키 추리닝을 입은 허수아비
그 뒤로 양복을 점잖게 입은 허수아비
그 뒤로 입을 수 있는 옷들을 몽땅 입혀 세운 허수아비
붉은 락카와 페인트로 가슴에 한 글자씩
속을 내 보이고 있지만
말 그대로 허수아비다
떠날 사람 다 떠나고
침묵의 시위를 할 뿐이다
불법으로 도로가에 서 있는 허수아비
중요한 건 얼굴이 없다

특정세력

– 어느 기사에 『조전혁 대책위원회 관계자는 "이번 공연 무산에는 특정한 세력이 개입돼 있는 것이 틀림없다"면서 "이를 조사해 민·형사상 책임을 반드시 묻겠다"고 밝혔다』는 것을 읽다가

봄날, 벚꽃 환하게 피는 것도 특정세력 때문이다
한여름, 소낙비 천둥 번개 내리치는 것도 특정세력 때문이다
가을날, 벼 이삭이 고개를 떨구고 있는 것도 특정세력 때문이다
겨울날, 함박눈이 내려 며칠째 오도 가도 못하는 것도 특정세력 때문이다
모두 조사해 법적 책임을 물어라
모두 잡아들여 눈과 귀를 봉하라
내가 보기에 그 특정세력 잡아들이기 이전에
네 눈과 귀가 막힐 것이다

동백꽃 숲에서 혼자 울다

동백나무숲에서 동박새가 사랑을 노래하는데
나는 그 시린 사랑을 혼자서 듣는다
귀가 있어 몰래 훔쳐 듣긴 하지만
동박새가 머물렀던 자리마다 동백나무는
팔을 뻗어 동박새의 노래를 가지 끝에 붙잡고
붉은 눈물을 뚝뚝 흘린다

푸르디푸른 동백 잎 녹여낼 방법이 없어
겨울도 가기 전에 꽃을 피우는 마음
고독하게 살아보지 않은 사람은 모른다
저 동백나무 외로움을 이기고자 그물 코
허공에 수만 번도 더 묶었을 것인데
동박새 사랑 노래에 그 고운 꽃잎을 다 떨군다

누가 남의 사랑을 눈물로 빌어주겠는가 싶어
동백꽃 숲을 걷다가 나도 함께 울었다

2부

방울토마토에게

범칙금

세상에는 고마운 일들이 너무나 많다
60km로 가라는 길을 76km로 갔다고
범칙금 통지서가 날아왔는데
친절하게도 운전석 옆자리의 모습은
깨끗이 지워서 보냈다

마치, 사랑을 즐기다가 들킨 것처럼
음탕한 흉부를 가려주었으니
고맙다는 생각이 먼저 들었다
어쩌면 내가 까맣게 잊고 살아가는 삶의 속도를
범칙금 삼만 원이 말하는 것 같다

참, 싸다
내 삶을 뒤돌아보게 하는 범칙금

위선자

모든 빗방울이 대지를 적시는데

강물만 제 길을 간다

딱따구리

딱히, 무엇을 말하기가 좀 그렇지만
책에서 읽지 못하는 글을 읽으러
산속 딱따구리 집 근처 밭으로 나는
주말마다 뜬금없이 찾아간다

일 년 넘게 딱따구리 소리를 들어왔건만
얼굴은커녕 눈인사 한 번 하지 못했다
그도 제 삶에 열중하느라 바쁘겠지만
곁눈으로라도 나를 훔쳐봤을 것이다

그의 사생활을 내가 방해하고 있는지 모르지만
필요 이상의 경계가 더 궁금증을 갖게 한다
하여, 살금살금 그의 집 근처까지 찾아가 몇 번을 보려 해도
딱따구리는 내 수고를 뒤로하고 나타나지 않는다

항상 일정한 거리에서만 들어야 하는 딱따구리 소리,
그 거리를 나는 아직 읽지 못하고 있다

딱따구리의 귀는 혜안(慧眼)으로 가득하여
내 발자국 소리만 듣고도 몸을 숨긴다

여름 밤

내가 잠든 척해도 스며드는 꽃향기
그게 너였으면 좋겠다

기다리지 않아도 찾아오는
하늘의 수많은 발자국
나는 결코 잊지 않겠다

내 몸의 바퀴

내 목구멍은

늘 불안한 외발자전거다

내가 죽다

꿈에 내가 죽었다
내 몸을 쪼개 새의 먹이로 던져주고
구름처럼 환히 사라지고 싶었다
그러나 나는 돌무덤에 묻히고 말았다
돌무덤 속에서 하늘은 까마득히 멀었다
돌의 무게가 내 눈을 가려
모든 것을 마음으로만 바라보고 있는데
내가 살아온 세월이 내 눈이 되어주어
듣는 것도 먹는 것도 보는 것도
살아온 세월 속에 의지해야 했다
더는 욕심을 부릴 수가 없었다
욕심을 부릴 수 없는, 그게 죽음이었다
죽어보니, 죽음 뒤에도 밥이 필요했다
죽음의 밥이 되어 주었던 이승의 삶,
그 삶이 무거운 돌들을 이불처럼 가볍게 해 주었다
돌은 단단하지만 단단한 돌은
이 세상 살다가 갔다는 세월의 정표였다
죽은 내 입으로 말 못하는 '내가 죽다'라는 말을

돌이 말해주어 참 고마웠다
'내가 죽다'라는 말을 아무 말 없이 말해주어,

천태산 은행나무에는 누에들이 산다

새봄 은행나무 잎이 눈 뜨는 것 보면
두어 잠자고 나온 누에들 같다
그 누에들 제 잎의 천장을 만들어
완전변태가 되면 은행잎으로 태어난다
천태산 은행나무 가지 끝 그 끝에는
변태를 통해 날개를 만드는 누에들의 알이
완전변태를 못해 다닥다닥 붙어있다
나를 더 멀리 보내려고 날개를 갖는다는 건
내 몸의 공양이 필요하다는 것이다
천태산 은행나무 그 공양에 천년을 살았지만
아직도 제 몸을 공양할 힘을 놓지 않고
변태를 꿈꾸는 누에들을 키우고 있다
이 세상 제 몸의 알을 품지 못해 끙끙 거리지만
내장 푸른, 두어 잠 잔 누에들을 키워낸다는 건
공양도 공양이거니와 그 정성이
하늘의 뜻이기에 가능한 일일 것이다
하늘의 뜻이 천태산 은행나무 속에 자리 잡아
변태를 꿈꾸는 누에들의 집이 되어준 것이다

까치집

미루나무 꼭대기 까치집, 바람의 길에
꼭두새벽부터 암수가 번갈아 가며
사랑의 첫 문장을 쓰고 있는데
바람은 그 문장을 흔들고 흔들어
오래도록 남을 말들이 아니면
첫 문장부터 다시 쓰라고 무너뜨린다

까치들이 은근슬쩍 꿰어 맞추는 듯해도
완벽한 한 문장의 방점을 찍기까지
바람은 수백 번도 더 그 문장을 읽고 읽어
흔들고 흔들어도 무너지지 않는
허공의 깊은 혓바닥 묵음을 꺼내
까치의 집을 완성해준다

나는 까치가 꼭두새벽부터 집을 짓는 줄만 알았는데
그 까치집, 바람이 제 몸의 문장에 마지막 찍는 방
점이었다

염치(廉恥)가 없다

부모 그늘에서 살 때는 작던 크던
고분고분 말 잘 듣던 피붙이 형제도
부모 없이 제 각각 살다보니
살아가는 마음 가지가 꿈자리 사나운
안개 속 거미줄처럼 불안하다

구족(具足)으로 글을 읽고 쓰던 어머니는
"염치가 없습니다"라는 말을 입에 달고
칠남매의 심성(心性)을 가르쳤는데
그 염치를 나는 잘못 배웠는지
부지깽이 매만 아프다고 느끼며 살아왔다

스물다섯 번째 되는 어머니 기일(忌日),
음복 술 한 잔 마시고 나서
우리 형제자매 잘못을 용서받기 위해 어머니가
'염치가 없다'는 말, 얼마나 많이 하셨는지 아시느냐 말하니
형들도 염치가 없는지 아무 말 하지 않았다

어머니가 염치없다고 말하는 건
배불리 못 먹이고 못 가르친 당신의 죄 때문에
내 자식이 잘못을 했다는 것이다
내 나이 쉰이 넘어 염치없다는 말을 생각하니
그 염치만 받아먹고 갚지 않으니,

나야 말로 정말 염치가 없는 놈이다
이러고도 시를 쓰니 무슨 시를 더 쓰겠는가

방울토마토에게

장마철 빗줄기에 방울토마토 살이 다 터져 버렸다
열흘 넘게 얼굴 한 번 안 보인 무심함이 원인이겠지만
빗줄기의 끝없는 구애를 외면할 수 없었던 모양이다
빗줄기라도 잡고 애써 외로움을 달랬을 것이다
그래, 빗줄기가 얼마나 큰 기쁨을 주었으면
함박웃음을 짓고 있는 표정이 온몸에 새겨져 있을까
그동안 나는 너의 탱탱하고 붉은 살빛만 좋아했는데
진실로 하늘의 말 앞에 배꼽 터지는 웃음을 짓고 있으니
빗줄기가 그토록 여린 너의 마음을 왜 흔들었는지 알겠다
앞으로 석 달 열흘 더 비가 내려서, 네 몸이
빗줄기를 잡고 하늘에 다다르기를 빌겠다
네 몸의 수신(水神) 공양(供養)이 헛되지 않기를 바랄 뿐이다

산경(山經)

–치악산에서 배우다

봄

그래, 권한다고 주는 술 다 받아 마시고 나면
너처럼 고래고래 소리 한 번 못 지르겠느냐

여름

귀 있고 눈 있고 입이 있으면
아무 말 하지 않아도 먹여 살릴 것이다

가을

아무리 게을러도 나뭇잎은
때를 맞춰 고백할 줄 안다

겨울

불가마 속에 다 타버린 줄 알았는데
하얗게 바라볼 영혼이 남아있구나

어떻게 손쓸 방법이 없다

비가 오는데 우산이 없으니 비를 맞으며 걸었다
택시라도 잡아타고 갈까 생각을 했지만
5분 거리를 택시를 타고 가기가 아까워서 그냥 걸었다
빗방울이 스밀 때마다 내 몸에서
차갑다는 반응의 신호가 저수지를 이룬다
어떻게 손쓸 방법이 없다
마른 습관을 모두 버리고
제 몸의 무게를 부양하는 빗줄기 속을
뚜벅뚜벅 걷다보니
화살이 날아가 박힌 과녁처럼
빗방울 파문이 보도블록 위에 꽃잎처럼 뒹굴고 있었다
고독하기 때문에 맺혀진 빗방울,
외롭기 때문에 흘러가는 빗방울,
누군가의 가슴을 시원하게 씻어주기 위한 빗방울,
어떻게 손 쓸 방법이 없지만

이것이 나의 몸에 차가게 전달하는 슬픔이 전부는 아닐 것이다
이 빗줄기가 되기 위하여
누군가의 멍든 가슴에서 하루 종일 울었을 것이고
누군가의 거친 삶에서 숨소리를 몰아쳤을 것인데
먹구름은 호랑이 발자국처럼
으르렁 으르렁 세상을 삼키겠다고 포유하지만
젖은 풀잎은 이내 더 푸른 몸을 흔든다

해동(解凍)

1.
커다란 냉장고에 옥수수를 쪄서
한 겨울 먹겠다고 보관해 두었다
여름이 냉동되어 있다
그것도 한 겨울에 냉동된 여름을 풀어
맛을 보겠다는 것이다
그러나 여름의 맛은 쉽게 오지 않는다
뜨거운 불에 제 몸을 녹여야 온다

2.
친구 여식(女食) 결혼식장에서
30년 만에 초등학교 여자 친구를 만났다
앉자마자 술부터 권하는 친구
내가 누구라고 말하지만 기억이 없다
내 기억이 해동되지 않아 따라주는 술만 마셨다
술로 내 기억을 해동시켜주는 친구
그래도 기억이 나지 않는다고 하자
그 기억으로 무슨 시를 쓰냐고 한다
널 기억하지 못해 미안하다고 했다

돌아오며 생각하건데, 30년 동안 얼려놓은 기억
술 몇 잔에 해동되었다면 나는 죽었을 것이다

쌀밥

개미 알을 본 적이 있다
하얗고 둥글둥글
쌀알 같다는 생각이 번쩍 들어
한 사발 담아놓고 싶었다
그러다 어느 날 문상 가서
김 모락모락 나는 쌀밥을 보니
그 개미 알이 떠올랐다
생의 마지막 하얀 쌀밥
그게 개미 알이라니,
묘한 기분이 들었다
그 알을 품지 않고 꾸역꾸역 먹었으니

무제(無題)

남편이 물에 빠져 죽은 어느 미망인,
한 입 삼키는 물도
펄펄 끓여 마신다

차가운 물이 사람의 심장을 멈추었다고
지레 겁먹고
펄펄 끓인 물만 마신다

물의 천적인 불이
차가운 물을 능멸하여
제 목숨 건드리지 말라는 것이다

그래도 가끔
차가운 소주 마시는 걸 보면
뜨거운 불, 제 몸속에서 꺼뜨리지 않을 모양이다

3부
生의 일기

바코드

다 커서 목숨 끊은 女息의 기일마다
사과 하나 배 하나
그리고 어릴 적 좋아했다는
과자 한 봉지
그렇게 유골 뿌린 강가에 놓고
강물을 바라본다
당신이 아니면 읽지 못하는
바코드

엄마 왔다
엄마 왔다
흐느끼는 목소리에
줄줄이 읽힌다

비무장 지대, DMZ

철조망 울타리가
파도처럼 밀려오는 눈빛을 막고 있다

60년 세월에
오도 가도 못하는 절벽
무인도가 되어 있다

물도 없이 둥둥 떠서
아무 말 없는
햇살만 늙어가고 있다

아버지

나의 아버지는 언제나 부재중,
아버지가 없어서가 아니라
아니 계시기 때문이다
내 나이 다섯 살에 북망산천 가시더니
아니 돌아오신다
반딧불이 꽁무니도 아니고
해당화 피는 길도 아닌
북망산천 길 떠나서
술 몇 섬 비우셨는지
그 취기 이기지 못해
반백년이 되도록 돌아오지 않는다
지금 와 말하지만
아버지는 빈 소라껍질,
나는 그 소라껍질 속의 게,
일 년에 한 번 고봉밥 차려 놓고
세상 어디를 다니시는
아버지를 모실 때면
손자가 낳은 증손자까지 절해도

맹물에 밥 한술 말아놓고 그만 가신다
증손자는 언제 왔다 갔냐고 묻지만,

바위 그릇

하늘 그릇,
땅 그릇,
빛 그릇,
소리 그릇,
이 커다란 그릇을 갖고 사는 사람은 누굴까

찾다 찾다 못 찾고
돌아가는 길에
바위 그릇 하나
떡! 하니 버려져있다

한쪽 등에 부처도 담아놓고
다른 한쪽 등에 산 하나 담아놓고
세월을 열심히 비워내고 있다

아무리 비워내고 비워내도
소망, 말고
소원, 말고

바위 그릇을 채우는 게 없다

고집

돌과 나무가
바람에게 물었다

돌과 나무 중
누가 고집이 센가

바람이
돌과 나무에게 말했다

천년 후 저 별을 보면
이기는 거다

그때부터 돌과 나무는
아무 말도 하지 않았다

더 이상 고집을 부리면
돌이 나무가 되고 나무가 돌이 될 테니

중력(重力)

나로부터 멀어질 때 너는
멀어진 거리의 속도를 이기기 위해
눈물 몇 방울을 흘렸을 것이다
나는 내 가슴의 분화구를 억누르며
터벅터벅 걷는 그 시간이
한 송이 꽃이 되리라 생각하지 않았다

30년이 지난 오늘 밤 하늘을 보니
네 가슴이 끌어당기고
내 가슴이 끌어당기는
별들을 바라보다가
한숨을 길게 몰아쉬었다
울먹울먹한 거리, 계산이 안 되었다

세월

때가 되니 다 가더라
떠나가서 다시는 돌아오지 않더라
외눈박이 별,
동구 밖 왕눈이 장승,
모두 세월이 남긴 외톨이들이다

그럼에도 난 기다린다
외눈박이별이 되든
왕눈이 장승이 되든
내 몸에 스며든 세월보다
더 빛나는 너를 기다린다

깊은 얼굴

바닷속 깊이 사는
심해아귀나 도끼고기 귀신고기를
나는 직접 본 적이 없다

납작하게 생긴 물고기
물의 깊이를 몸으로 말하며
삶의 천적을 피해서 산다

그런데 내게도 심해 물고기처럼
지워도 지워지지 않는
깊은 얼굴이 있다

눈, 코, 입, 귀 땅에 묻혀있는데
내 가슴에 묻힌 얼굴,
날마다 별처럼
말똥말똥
빛난다

온몸

매미가 온몸으로 운다
허공의 더위를 다 빨아들인다
주위가 시원하다
제 몸보다 더 큰 세상을
온몸으로 울린다
숲의 나무가
온몸으로 우는
매미의 울음을 다 받아준다

하루

웃어도 하루

울어도 하루

싸워도 하루

사랑해도 하루

生의 일기 · 1
– 형이 죽다

지난 6개월이라는 시간 동안
나의 형은 생사를 넘나들다 결국 돌아가셨다
평생 버리지 못했던 혈기를 눈물로 씻고 가셨다
그 모습에 나는 목숨이 티끌만도 못한 것이라 생각했다
나는 제비 새끼처럼 병원을 들락거리며
형의 눈빛을 가슴에 담기 위해 애썼다
65년이라는 생이 무너지던 날
콧구멍은 바람을 더 밀어넣지 못했다
눈은 앞을 더 바라보지 못했다
가슴에 쿵쿵거리던 심장이 돌처럼 굳어갔다
화장을 해서 유골함을 받아들고
고향땅에 묻기까지 형은
세상의 삶을 한 마디로 정리해주었다
1951년 生,
2016년 卒

이 세상 누구의 간섭도 하지 않는

영혼을 간직하기 위해서
지난 6개월 동안
아픔의 고통을 잘도 참고 가셨다

生의 일기 · 2

— 직장생활

1987년 입사해서 지금까지 하루도 빠지지 않고
나는 먹고살기 위해 일을 했다
내 또래의 친구나 동료들은 진급을 해서
계장도 되고 직장도 되고 기장이 되었다
그런데 기능직들의 진급이라는 게
누가 더 충성심 강하고 복종을 잘하는가에 달려있다는 것이다
일을 열심히 잘 했다고 공로상도 몇 번 받았지만
나는 애초에 진급의 대상자가 아니다
복종심 없고 정직함 하나만 내세우는 나보다는
허수아비 노릇 잘하는 친구들이 제격이었다
어떻게 보면 영화 시나리오 같은 일들이
나의 직장생활에서도 수 없이 있었다
그래서 나는 술 친구를 끊었다
내 직장생활의 점수는 빵점이다
노조 위원장 했던 친구들도 내 친구가 아니다
진급을 해서 직장 기장이 된 친구도 내 친구가 아니다

나는 항상 현장에서 형으로 통했다
그냥 형이라 부르라고만 했다
소금처럼 짜다는 말만 듣고 살았다
말이 안 통한다는 말만 듣고 살았다
전태일은 나 같은 사람 수백 명 가슴에 담고 살았을 것이다
그래서 전태일이 못된 나는 2016년 5월 16일자로 노동을 멈추었다

生의 일기 · 3

—핑계

세상에는 핑계 없는 무덤이 없다고 했다
매화나무 매화꽃 피는 것
살구나무 살구꽃 피는 것
앵두나무 앵두꽃 피는 것
봄마다 꽃 피는 나무들의 핑계가 있을 것이다

이 나라에서 정치를 하고 있는 어떤 사람은
무슨, 무슨 일 터지면 언제 누구 때부터 그랬으니
죽어 이 세상에 없는 사람들을 들먹이며
무성하게 핑계만 해댄다 제 잘못은 말할 줄 모른다
핑계 정치로 일갈한다

그런데 나는 내 머리칼 하얗게 솟아오르는 것
그 핑계를 댈 수가 없다 그래서 염색을 한다
내가 나를 속이는 염치가 그럴듯하다
흰머리가 나니 염색을 한다
내 핑계나 정치꾼 핑계나 거기서 거기다

개미의 주소

개미 주소를 난센스로 낸 친구의 답이다
“허리도 가늘군 잡으면 부러지리”

때론 이렇게 말도 안 되는 말들이
웃음을 주는 게 세상이다

개미가 제 허리를 가늘게 만들고 싶어 만들었겠는가

그런데 도로명 주소로 바뀌고
개미의 주소가 사라졌다

그래 내가 새 도로명 주소를 하나 지어 주었다
“개미도 또다시 그 허리로 기어가리”

고독사(孤獨死)

입석사 바위 끝에 매달려 사는 소나무가 있다
외로울 틈이 없어 푸르다
그런데 향로봉 가는 능선, 소나무는 잎이 빨갛다
너무 편한 자세로 살아온 탓인지
미련할 만큼 덩치만 키운 게 화(禍)였다
고독할 만큼 항상 그 자세인 입석사 바위 끝 소나무는
고독과 동떨어진 청청한 잎을 내 보이는데
아름드리 기둥을 자랑하던 소나무는
비바람에 넘어져 뿌리를 드러내고 말라죽어가고 있다
한 뼘 깊이의 뿌리를 내리기 위해
바위를 뚫어낸 입석사 소나무는 청청하게 잘 살고
제 그늘의 넓이로 뿌리내린 향로봉 가는 능선의 소나무는
제 그늘의 넓이만큼 커다란 고독을 앓고 쓰러졌다
고독도 청청한 마음이면 행복이다
그러나 커다란 마음이면 병이다

두 소나무가 그 이치를 잘 말해 준다

4부
능소화 그물

슬픔에 붙여

그는 소주 몇 병을 혼자서 다 비우고
이길 수 없는 슬픔을 눈물로 닦아내더니
8월 장맛비 속을 비틀비틀 걸어간다
슬픔도 그 뒤를 따라 걷고 있다
여여한 불빛이 흔들려 함께 흐느적거린다
제 속의 분(憤)을 술로 이기려 하지만
술은 비애만 더 키우고
生의 대사(臺詞) 한 마디 외울 수 없게 한다
– 하루의 어둠이 그렇게 지나갔다

그런데 가슴에 물컹 잡히는 것이 있다
그를 내 가슴에 담았던 시간
행복이 슬픔으로 변해 찻잔 속 향기처럼 우러나 있었다
꽃을 피우지 못한 슬픔이 뜨거운 물속에
제 슬픔의 향을 피우고 있었다
슬픔, 너는 뜨거운 가슴에 그렇게 피어 있는 꽃이었다

꿈에

꿈에 무어라 무어라 신명 난 노래를 부르며 놀았는데
잠에서 깨니 그 신명 난 마음들이 모조리 달아나 버렸다
왜 꿈에서는 없던 근심 걱정이 눈만 뜨면 찾아오는가
내가 사는 이 세상이 꿈 갖지 않다는 것은
내 삶의 무게가 눈 감지 못하는 일로 가득하다는 것이다
잠결처럼 두 눈과 귀를 막고 살아갈 마음이 부족하다는 것이다
그래서 나는 이 세상 잠자는 것처럼 살아가기로 마음먹었다
이제 세 끼 밥 얻어먹고 사는 거지가 되기로 한다
꿈에서는 항상 순간이 하루보다 길었다
순간이 하루보다 긴 그 꿈길을 걷기로 한다

염장이

죽음 앞에 염장이만큼 따뜻한 말을 하는 사람도 없다
알아서 척척 손발이 맞는 염장이의 호흡 속에
감지 못한 눈도 감겨주고 펴지 못한 허리도 펴주고
저승 가기 편한 자세로 염을 해주기 때문이다
때로는 돌 속에 숨은 석가모니 웃음을 어루만지는 석공처럼
죽은 자의 웃음과 슬픔을 어루만지다가
울컥 토해내는 아지랑이 같은 말을 하기도 한다
피가 흐르는 살의 옷은 입히기가 쉽지만
피가 흐르지 않는 살의 옷을 입힌다는 건
겹겹 맺은 이승 인연이 몸 밖으로 새어나가지 못하게
눈과 귀를 막고 입을 봉하고 손과 발을 묶기 때문에
죽은 자의 말(言)을 다 주워 담을 수가 없다
염장이는 죽은 자의 마지막 말을 찾기 위해서
온몸을 다 씻어내고 훑어 보지만, 설사 찾았다고 해도

살아 있는 자에게 마지막 말은 전하지 않는다
오직 죽음을 받아내는 일에만 충실할 뿐이다

헐린 옛 집터에서

내가 자란 옛집이 폐가가 되어 헐렸다
너무 오랜 시간을 방치했기 때문이다
내 무릎의 뼈를 잘못 세운 탓만 같아 서러웠다
책 냄새보다 돈 냄새를 맡으며 살았어야 했는데
아무것도 할 수 없는 무력감에 눈물만 났다
끊은 담배를 한 모금만이라도 다시 피워보고 싶었다
아버지의 발자국 소리와 어머니의 자장가 소리가
헐려서 폐기물처리장으로 다 실려나간 느낌이었다
내가 어디서 왔는지 길이 막혀 막막했다
이제 나는 어디에 가서 옛 추억을 동냥질할까 걱정이 되었다
내 근본의 뿌리가 모두 헐려나간 느낌이었다
그나마 다행인 것은 물속에 잠기지 않고 터라도 남아 있다는 것이다
나는 지금껏 수 만 번도 더 나의 시를 헐고 짓고 써오면서
내 집의 터라 말하지 않았다
이제부터 나는 내 시의 집을 짓겠다

허물어지지 않는 시의 집을

나는 지금 아무 것도 하지 않는다

나는 지금 아무것도 하지 않는다
어제의 동무들은 이제 동무가 아니기에
헛기침 너머 서너 발자국 밖에 두고 산다
함께 투쟁했던 친구들은 이제 투쟁할 친구가 아니기에
서로 마주 보지 않는 산 너머에 두고 산다
아무 일도 하지 않으니 나를 찾는 벗도 없다
하여, 아내와 다슬기 잡이로 하루를 보내고
하여, 온종일 책들과 시름하며 지내고
하여, 산에 가 나무들이 사는 모습을 바라보고
하여, 밭에 가 뙤약볕 속에서 놀다가 온다
아무것도 하지 않으니 보이는 친구들 마음
아무것도 하지 않으니 들리는 동지들 마음
아무것도 하지 않으니 말하는 사람들 마음
뱀이 따로 없다
쥐새끼가 따로 없다
소가 따로 없다
아무것도 하지 않으니 다 보인다

한 시간

내가 내 生의 시간을 다 써버리고
神에게 한 시간의 시간을 달라고 했을 때
그 한 시간 무엇을 할까 생각한다

숨도 못 쉬는 물속이나
발도 못 딛는 불속에서
마지막 한 시간
내가 누구였는지 찾고 싶을 뿐이다

한여름에

한여름
천둥이 몰려온다

지은 죄도 없이
겁부터 난다

천둥소리 뒤에 오는
소낙비

밤이 되어도
그치지 않는다

사뭇,
당신이 서서
무엇을 깨닫고
우는
눈물 같다

나 보라는 듯,
나 들으라는 듯,

능소화 그물

마이산 탑사에 가면
암마이봉 절벽을 타고 자라는 능소화 넝쿨이 있다
층층 쌓아 놓은 탑보다 더 높은 푸른 잎의 탑을 쌓아가고 있다
스스로 번뇌의 그늘에서 벗어나 꽃을 피워보기도 하고
묵언수행 중인 산의 입을 물어뜯어
파랗게 살아있다는 증명을 한다
옆에 서있는 부처는 그 모습에도 무심지경이다
부끄러워해야 할 암마이봉 엉덩이 같은 절벽을
아무도 바라보지 못하게 가려주고 있지만
입담 좋은 사람을 만났더라면 벌써
암마이봉 치마폭에 놀아난다고 소문이 파다할 것이다
하지만 산은 어떤 소문도 나지 않도록 꿈쩍도 하지 않는다
옆에 제 짝의 숫마이봉이 있기 때문이다

능소화 넝쿨은 암마이봉 마음을 얻기보다는 산속에
숨은
물고기 서너 마리 잡아내겠다는 마음 하나로
오늘도 절벽에 그물을 총총 엮어가고 있다

뼈의 말, 살의 말

나무가 아무리 큰 키로 말을 하고 춤을 춰도
흙속에 묻힌 뿌리만큼 진실한 말을 기억하지는 못한다
또한 뿌리가 아무리 진실한 말을 찾아 살았다고 해도
태풍에도 굴하지 않는 나뭇가지의 저항 없이는
어둠을 뚫고 뿌리내리는 믿음을 갖지 못한다
뼈의 말이라 해서 더 단단한 것이 아니고
살의 말이라 해서 물컹물컹한 것이 아니다
뼈는 살의 말에 의해서 더 올곧은 힘을 갖는 것이고
살은 올곧은 뼈의 힘에 의해서 부드러움을 갖는 것이다
살이 없는 우렁이 껍데기는 그래서 더 쉽게 부서지고
뼈가 없는 지렁이는 뜨거운 볕에서 말라죽는 것이다
땅에 발 딛고 사는 동물이나 흙에 뿌리내리고 사는 식물들

모두가 뼈의 말, 살의 말 받아 적기 위해 밥 먹고 사는 것이다

먹구름

눈을 감고 열 발자국을 걸었다
뒤돌아보니 나는 내 의지의 방향을 잃어버렸다
그저 평평한 길이였음에도 불구하고
불안이 내 걸음의 방향을 바꾼 것이었다
평생 눈을 뜨고 걷는 습관에 길들여져
눈을 감고 걸으면 불안이 찾아왔기 때문이다

하늘의 구름을 바라보았다
둥둥, 제 방향의 길을 잘도 찾아가고 있었다
천 길 아래 허공이 두렵지 않은,
오롯이 바람의 방향을 따라 흘러가고 있었다
저 의지를 갖기까지 얼마나 많은 생각을 버렸을까
얼마나 많은 두려움을 읽었을까 생각했다

내 삐뚤어진 걸음과 둥둥 떠가는 구름이
무슨 차이가 있는지 생각해보니
내 걸음은 땅에 발 딛고 있으면서도 불안에 벌벌 떨고

허공의 높이가 더해질수록 구름은 더 가벼워진다
는 것이다
그럼에도 내 가슴에 밀려드는 먹구름을 막지 못
했다
먹구름 속에 담긴 억수 같은 빗방울 때문이다

흰 구름이 가볍고 가볍고 가벼워지기 위해 버린
생각들 갖고
듣고 듣고 들으면서 허공의 귀에 담아두지 못할
말들 갖고
떠돌다 떠돌다가 더는 갈 곳 없는 아우성 같은 눈
물을
부처님 진신사리처럼 먹구름이 품고 있기 때문이다
내가 눈을 감고 걸을 때 걸음이 삐뚤어진 이유는
하늘처럼 먹구름을 품어낼 수 없어 찾아온 불안
때문이었다

착각

서예학원에 가서 붓글씨를 배운다
매일 똑같은 먹물에 붓을 들고 글씨를 쓰는데도 다 다르다
마음에 천 불이 움직이고 있다는 생각이 든다
한 가지 표정을 길들이기 위해 쓰고 쓰고 또 써도 잘 되지 않는다
나를 가르치는 백암 선생은 글씨는 만 불을 다스려야 한다고 한다
붓의 털 하나하나가 글씨 속에 혼으로 살아나도록
천리를 달려갈 용맹이 있어야 하고
천둥 번개를 잠재우는 고요가 묻어나야 하고
풀잎 끝에 매달린 이슬처럼 청초해야 한다고 한다
나는 지금 천 길 늪에 빠져 허우적거리는 글씨를 쓰고 있다
글씨를 보면 내 표정이 어떤 모습인지 더 잘 보인다
똥 오줌 하나 못 가리는 아기처럼 붓글씨를 쓰고 있다

때론 그 똥오줌 냄새에 아직 한 살도 안 된 아기라는 착각을 하며 산다

꽃을 보며

화사한 꽃을 보면 이쁘다는 생각, 참으로 많이 한다
그런데 그 꽃이 질 때 이쁘다는 생각은 온데간데 없다
내 마음이 두 갈래 생각으로 나누어져
화사하게 핀 꽃들 앞에서만 이쁘다는 생각을 하고
그 꽃이 질 때에는 추(醜)하다는 생각을 한다
내 마음속의 깊이가 깊지 않기 때문이리라
낮은 물은 언제나 제 소리 하나 껴안고 흘러가기 바쁘고
깊은 물은 하늘을 안고 흘러도 그 무게조차 잊고 흘러가는데
꽃이 피 나 꽃이 지나 이쁘다는 생각 못하는 나는
아직 내 마음의 꽃을 피워내지 못했기 때문이리라
꽃이 져야 열매가 달리는데

늙은 어부

강을 따라 세월이 흘러갔다
흘러간 세월이 바다에 닿았다
파도의 혀끝에 씻긴 세월은
깊고 넓고 높은 바다에서
황금알 하나 품고 산다
어부는 그 알을 찾고자 바다에 나간다
황금알 대신 그 어미의 먹이였을
물고기만 낚아온다

박물관에서

여름 한낮, 35도 더위를 피해 박물관에 갔다
코가 깨지고 눈이 빠진 석불이 자리를 잡고
나무아미타불 나무아미타불 불경도 모르는 내게
에어컨 바람을 공양하여 등의 땀을 식혀 준다
천 년 전, 고려 시대에 만들어진 석불이 철면부지인 내게
이렇게 시원한 바람을 공양하는 이유가 있을 터,
천년을 버터 내느라 공력이 부족해 코가 깨지고 눈이 빠졌지만
그것도 모두 부처의 참모습을 바라보라는 뜻일 것이다
눈이 없는 건 바르지 않는 걸 바라보지 말고
코가 없는 건 더러운 구린내 맡지 말라는 뜻일 것이다
박물관에는 석불이 가부좌 틀고 앉아 공양하는
시원한 에어컨 바람이 부처님 말씀처럼 들린다
한여름 어디에 가서 이렇게 시원한 말씀을 듣는다는 말인가

박물관이 아니면 듣지 못하는 말들이 너무나 많다

뻔하다

시인은 입속의 말을 되새김질을 잘해야 한다
작은 가시가 걸려도 입을 벌려 그 가시를 뽑으면 안 된다
입속에서 스스로 가시를 삭히는 법을 터득해야 한다
숲의 나무들처럼 말하는 법을 익혀야 한다
강의 물결처럼 결을 이뤄 흘러야 한다
바다의 파도처럼 끝없이 요동쳐야 한다
그 뻔한 것을 못하고 사는 시인이 바로 나다

동쪽에서 서쪽으로 해가 진다고 배웠다
지구가 태양을 돌고 있다는 자전을 배웠다
둘 중 하나는 뻔한 거짓말이다
그 뻔한 거짓말을 더 뻔뻔하게 거짓말을 할 줄 알아야 한다
하느님도 부처님도 허허 웃고 넘길 뻔한 말,
시인의 입은 모든 사물을 삼켜 삭혀야 한다
백가쟁명(百家爭鳴)의 말이 썩어도 빛을 잃지 말아야 한다

뻔하다 뻔한 말인데도
사람이라 잘 지켜지지 않는다
그래도 시인은 지켜내야 한다
그 뻔한 말을 삭히는 게 시인이다

장마에

장맛비가 오는 것을 보니
누군가 새로운 사랑을 시작하였나 보다
하늘은 지금 제 고독과 무관한 고백을
장대처럼 땅에 꽂고 있다
이를테면 고백을 받아들이지 않으면
땅 위의 모든 것을 집어삼키겠다는 자세다

나도 한동안 어쩔 수 없이 그 사랑에 젖어 있었다
날이 좋아야 먹고사는 사람들 틈에서
장맛비를 핑계 삼아 술을 마시며
말의 반이 욕으로 섞여있어 듣기 험해도
시퍼런 그들의 과거를 듣고 있으면
그 욕이 삶의 뼈였다는 것을 알게 된다

그러다 반짝 해가 나면
아무 일 없었다는 듯 뿔뿔이 흩어진다

기적(奇蹟)

병원의 중환자실 대기석 의자에는
기적을 바라는 사람으로 넘쳐난다
'제발, 제발…'
그 무엇의 염원들을 빌고 있다

한고비 넘긴 사람들 얼굴에는
그 기적 같은 염원이 보이지 않는다
이미 기적을 이루어 지나갔기 때문이다

그러고 보니 나는 매일
해와 달이 뜨고 지는
그 기적 같은 일을 잊고 살았다

하루 중 30분이라도

나는 하루 한 편의 시를 읽었으면 한다
그게 뭐 어렵냐? 생각할지 모르지만
10년 지나, 20년 지나, 30년 지나서도
하루 한 편의 시를 잊지 않고 읽었으면 한다
시 한 편 읽는 데 30분이면 족하다
그 30분이 내 삶의 텃밭이 될 것이다
묘목을 심어 놓고 그 묘목을 뛰어넘을 때
한두 해는 쉽게 뛰어넘는다고 한다
꾸준히 그 묘목을 뛰어넘기를 하여도
10년 세월 뒤에는 키가 커서 넘을 수가 없다
매일 30분씩 시를 읽는다는 건
내 삶의 크기를 확인하는 일이다
하루 중 30분이라도 시를 읽는다면
내 삶의 걸음이 얼마만큼은 가벼워질 것이다

작품해설

인내, 그 견딤의 미학

– 김 순 진(시인 · 문학평론가)

인내, 그 견딤의 미학

김 순 진(시인 · 문학평론가)

흔히 '세상은 노력하는 자의 것'이라고 사람들은 말한다. 나는 그 말을 믿는다. 임영석 시인의 시집을 읽으면 그에 대한 믿음은 확고해진다. 임영석 시인은 필자가 발행하고 있는 계간 <스토리문학>의 부주간으로 활동하고 있다. 주간이신 지성찬 시인과의 인연으로 지난 2007년부터 필자를 도와주기 시작해서 이젠 스토리문학을 통해 전국에서 그를 모르는 시인이 없을 정도로 시단에서는 유명인사가 됐다. 그는 월간으로 발행하던 스토리문학에서 계간이 된 이후 지금까지 10여 년 동안 스토리문학에 "임영석 시인의 미래를 개척하는 시인"이란 코너를 맡아 시평을 연재해왔다. 그리고 지난 6월에 연재했던 원고들을 모아 『미래를 개척하는 시인』 이란 시 해설서를 출판했는데 그 인기가 가히 폭발적이다. 그 시해설서에는 우리나라에서 시 좀 쓴다는 분들의 시를 해설해 놓았는데, 고려대 평생교육원 시창작과정에서 강의하고 있는 필자는 이 책을 가지고 오는 2016년 2학기 9월 개강 때부터 교재로 사용하여 강의할 예정이다.

임영석 시인과 나는 닮은 곳이 많다. 갑장인데다가 둘 다 젊은 시절부터 노동을 해왔다. 그는 스물일곱 살에 산업현장에 들어가 지금까지 근무해왔고, 나는 열일곱 살부터 공장과 건설현장을 드난하며 살아온 바 있다. 게다가 나는 어머니를 일찍 여의었고 임영석 시인은 아버지를 일찍 여의었다. 그리고 서른 살 쯤 돼서 어머니마저 여읜 그였다. 그렇지만 시를 쓸 수 없는 환경에도 시를 지켜내며 시를 써낸 것이 중요한 이야기다. 자동차 조향부품을 주력상품으로 만드는 회사의 기능직 사원이 바쁜 회사생활을 하면서 계속해서 시를 써왔다는 것은 가히 기적에 가깝다.

그리하여 그는 2009년에는 한국문화예술위원회의 창작지원금을 받고 시집을 냈고, 2012년에는 강원문화재단 창작기금 시조부문의 수혜를 받고 시조집을 발간했다. 그리고 금년도인 2016년에 또다시 강원문화재단으로부터 전문가지원 창작지원금 시부문의 수혜를 받아 이 시집 『받아쓰기』를 낸다. 한국문화예술위원회 창작지원금, 강원문화재단의 창작지원금이 어떤 돈인가? 정부의 돈은 실력이 인정되지 않으면 날고 기는 사람들도 고배를 마시는 그런 제도가 아닌가? 대단한 실력이 아니면 넘볼 수도 없는 지원금을 턱턱 받아내는 임영석 시인이 정말 높이 보인다.

그럼 시를 그렇게 높이 보이게끔 한 그의 시야는 어떻게 뜨게 된 것일까? 그는 고된 산업현장에서 보낸 지난 30년간의 인생역정을 시를 통해 위안을 받았고, 시를 통해 용기를 얻었으며, 시를 통해 스스로를 지켜왔다고 해도 과언이 아니다. 따라서 그의 시에는 은근과 끈기가 들어있다. 그의 시를 생각하면 척박한 환경을 정화해내며 꽃을 피우는 연꽃이 생각난다. 불교적 색채를 띠는 그의 시에는 딱따구리 소리 같은 절제미가 들어있다. 딱따구리 소리는 일정한 거리를 두고 들려오지만 사람의 발길을 허락하지 않는 딱따구리 소리에는 너무 가까이 가지 않고 덤벙대지 않아야 들을 수 있는 절제미가 들어있는 것이다. 1985년, 25세의 젊은 나이에 <현대시조>에 등단한 임영석 시인은 그 후 2년 뒤에 만도기계에 입사해 자동차부품회사에 취업하게 된다. 그리고 야근과 직장 상사들의 눈치보기가 반복되는 환경 속에서도 부단 없이 시를 써온 결과 그는 10권이라는 시집과 1권의 시해설서를 펴낸다. 실로 대단한 위업이다. 따라서 무엇보다도 그의 시에는 '인내, 그 견딤의 미학'이 들어있다.

그의 시는 목적보다 과정을 중시한다. 의미보다 현

상을 중시한다. 따라서 임영석의 시에서 일어난 현상들은 어떤 것을 정의하지 않고 어떤 것도 설명하지 않는다. 다만 그가 생각하는 이미지를 생산하여 독자에게 영상처럼 보여주고 만다. 그러면 독자들은 그 영상을 가지고 또 다른 영상으로 호환한다. 그것이 임영석 시인이 리듬보다 이미지를 중시하는 까닭이다. 일찍이 옥타비오 파스는 그의 저서 『활과 리라』에서 "이미지는 '무거운 것은 가벼운 것이다'라는 모순의 원리에 도전함으로써 물의를 일으킨다. 대립되는 것들의 동질성을 말하는 것은 우리의 사유토대를 무너뜨리는 것이다. 이 때문에 시가 보여주는 시적 현실은 옳고 그름을 지양하지 않는다."라고 말했는데 임영석의 시는 이 시적이론, 즉 이미지에 충실한다. 말하자면 그의 시는 '새는 운다'라는 사유의 토대를 무너뜨리고 '새는 지붕을 덮지 않는다'라는 새로운 사유를 지향한다. 그리하여 그가 가보지 못한 세계는 모두 그의 소유가 되며 그가 생산한 모든 언어는 스스로 이미지를 구성하는 것이다.

그러면 이쯤에서 그의 시 몇 편을 읽어보면서 그가 어떤 정신으로 세상을 헤쳐 나왔고, 명예퇴직 후 어떤 마음으로 남은 인생을 윤택하게 살아갈 것인가? 또 우리 시단에 한 알의 밀알이 되어 마음의 부를 이루게 할 수 있을 것인가? 앞길이 잘 보이지 않고 침체된 시단에 대낮같이 환한 조명탄을 쏘아 올릴 것인가에 대하여 살펴보기로 하자.

내가 아무리 받아쓰기를 잘해도
그것은 상식의 선을 넘지 않는다
백일홍을 받아쓴다고
백일홍 꽃을 다 받아쓰는 것은 아니다
사랑을 받아쓴다고
사랑을 모두 받아쓰는 것은 아니다
받아쓴다는 것은
말을 그대로 따라 쓰는 것일 뿐,
나는 말의 참뜻을 받아쓰지 못한다
나무며 풀, 꽃들이 받아쓰는 햇빛의 말
각각 다르게 받아써도
저마다 똑 같은 말만 받아쓰고 있다
만일, 선생님이 똑같은 말을 불러주고
아이들이 각각 다른 말을 받아쓴다면
선생님은 어떤 표정을 지을까
햇빛의 참말을 받아쓰는 나무며 풀, 꽃들을 보며
나이 오십에 나도 받아쓰기 공부를 다시 한다
환히 들여다보이는 말 말고
받침 하나 넣고 빼는 말 말고
모과나무가 받아 쓴 모과 향처럼
살구나무가 받아 쓴 살구 맛처럼
그런 말을 배워 받아쓰고 싶다

-「받아쓰기」 전문

시인들끼리 하는 말이 있다. “시를 못 쓰는 시인들은 베껴 쓰고, 시를 잘 쓰는 사람들은 받아쓴다.”는 말이 그 말이다. 그렇다면 일단 임영석 시인의 시는 잘 쓰는 시다. 시 한 편을 받아쓴 것이 아니라 시집 제목에서부터 『받아쓰기』를 하고 있으니 말이다. 그러면 나는 임영석 시인을 왜 잘 쓰는 시인이라고 말할까? 잘 쓴 흔적이 너무나 많은 곳에서, 다시 말해 구석구석 요소요소에 잘 드러나 있기 때문이다. 그는 “내가 아무리 받아쓰기를 잘 해도 / 그것은 상식의 선을 넘지 않는다 / 백일홍을 받아쓴다고 / 백일홍 꽃을 다 받아쓰는 것은 아니다 / 사랑을 받아쓴다고 / 사랑을 모두 받아쓰는 것은 아니다 / 받아쓴다는 것은 /말을 그대로 따라 쓰는 것일 뿐, / 나는 말의 참뜻을 받아쓰지 못한다”라고 겸손의 미덕을 보인다. 그렇지만 시인이 “나무며 풀, 꽃들이 받아쓰는 햇빛의 말”을 받아쓰게 된다는 것이 얼마나 큰 내공이 필요한 말인가? 그걸 깨닫고 시인 자신은 “모과나무가 받아 쓴 모과 향처럼 / 살구나무가 받아 쓴 살구 맛처럼 / 그런 말을 배워 받아쓰고 싶다”고 자신의 시적 소망을 이야기한다. 그가 문단에 나와 글을 쓰기 시작한지 벌써 32년째다. 그러니 그는 충분히 자연의 말, 사물의 말을 받아쓸 능력이 있다. ‘베껴 쓰는 말’은 “바람이 분다”에 준하지 않는다. 이에 반하여 '받아쓰는 말'은 "바람이 담장의 어깨를 짚고 마당을 기웃거린다"라고 말할 수 있다. 그가 "백일홍을 받아쓴다고 / 백일홍 꽃을 다 받아쓰는 것은 아니다"라고 말하지만 우리는 시에서 백일홍 꽃을 다 받아쓸 필요는 없다. 그것은 선생님께서 받아쓰기를 불러주실 때 "여러분, 준비 다 됐죠. 아빠, 구름, 바람"이라고 말한다면 그걸 다 받아쓰는 것이 아니라 "아빠, 구름, 바람"만 받아쓰는 것이 맞게 쓰는 것이다. 이를 테면 백일홍 꽃이 시들고 있다면 시든 꽃에 대한 환경과 사연에 대하여 받아쓰면 되는 것이다. 결코 백일홍이 자라난 환경과 성장과정, 꽃의 숫자, 잎사귀의 숫자 등에 대하여 받아쓸 필요는 없다. 그러니 그렇게 받아쓰기를 잘하고 있는 임영석 시인의 시에서는 '모과향'도 나고 '살구맛'도 나는 것이다. 따라서 임영석 시인이 이 시집의 제목을 『받아쓰기』라 채택해준 것은 초심자들에게 매우 큰 메시지를 던져준다.

네 애인의 첫사랑 같은 거 너무 캐묻지 마라
꽃들이 제 향기의 무덤을 생각하고 피는 것은 아니다
누구 좋으라고 피는 것은 더 더욱 아니다
어쩌다 술 취해 하룻밤 잤다고 애인이라면
장미 여관에서 서너 명씩 손님을 받는 그 여자
하룻밤 남자들 줄 세우면 숲을 이루고 남을 것이다

엉덩이가 좀 처져 있으면 어떠냐
쌍꺼풀 수술로 눈이 짝짝이면 어떠냐
오늘도 키스 방 알바를 하며 혀를 내주던 여자도
제가 사랑하는 남자 앞에서는
키스를 할 줄 모르는 여자가 되어 있을 것이다
돌을 감싸고 자라는 나무가 돌의 나무가 아니듯
물속에 뿌리내려 자라는 나무가 물의 나무가 아니듯
먹구름 속에 감추어진 빗방울처럼
비밀은 항상 네 몸 밖에 있다 물고기가
물 밖에서 살지 못하는 것처럼
네 애인의 비밀을 아는 순간 너의 애인이 아니다
물 밖의 세상이 아무리 아름다워도
네 애인을 물 밖으로 꺼내지 마라
비밀이란 물 밖에 나와 썩어가는 물고기들의
살 냄새에 불과하다

-「비밀에 대하여」전문

일단 나는 이 시를 읽고 깜짝 놀랐다. 그 순하고 여린 봄바람 같은 임 시인이 이렇게도 선정적이고 도전적이며 도발적인 시를 써낸 것에 대하여 충격적이다. 그런데 어찌 보면 사람은 순하되 문학은 문학적이어야 한다는 말이 임영석의 시를 더욱 깊은 창작능력으로 풀이 할 수 있겠다. 봄바람을 가만히 바라보노라면 상당히 관능적이고 선정적이다. 봄바람은 나무를 꿰어 섹스를 한다. 아주 천천히 오랫동안 나무를 애무해서 그 나무를 잉태시킨다. 그리고 결국 바람의 아이를 낳는다. 바람의 아이는 또다시 다른 곳으로 가서 자기 가문의 뿌리를 내리고 바람을 맞이한다. 남의 비밀에 대하여 알려고 하지 마라. 임 시인의 말처럼 그 비밀이 탄로나는 순간 너의 행복은 깨지게 된다. 임 시인의 말처럼 "장미 여관에서 서너 명씩 손님을 받는 그 여자 / 하룻밤 남자들 줄 세우면 숲을 이루고 남"을 것이다. 그래서 그는 '엉덩이가 처진 것에 대하여, 눈이 짝짝이인 것에 대하여, 뚱뚱한 것에 대하여, 깡마른 것에 대하여, 한쪽 다리가 짧은 것에 대하여, 대머리인 것에 대하여, 두꺼운 안경을 쓴 것에 대하여, 손가락 하나가 없는 것에 대하여 알려 하지 마라'고 일침을 놓는다. 지금껏 나는 키스 방 알바에 대하여 생각조차 해보지 않았다. 이 시를 읽으며 돈을 받고 '혀를 내주는 여자'의 존재에 대하여 깨닫고 깜짝 놀란다. 참, 내가 형광등 같이 살았구나 싶다. 지금도 있는지, 가보고도 싶다. 임 시인이 직접 가보았는지, 아니면 추측만으로 썼는지에 대하여 알 필요는 없다. 다만 현대사회가 그런 비밀을 조장하는 것, 즉 노래방 알바 아줌마들이 모두 내 부인들이거나 여동생들임에도 남자들이 그녀들을 불러 몸을 더듬도록 조장하는 사회에 대하여 임 시인은 일침을 놓는다. 그래서 시인은 "비밀은 항상 네 몸 밖에 있다 물고기가 / 물 밖에서 살지 못하는 것처럼 / 네 애인의 비밀을 아는 순간 너의 애인이 아니다"라고 말한다. "물고기가 / 물 밖에서 살지 못하는 것처럼"이란 비유가 '혀를 내주고라도 살아야만 하는 키스방 도우미'와 '몸의 밀착을 허락하며 살아야하는 노래방 도우미'의 현실을 눈감고 세상은 굴러간다. 아프고 아리고 약 오르는 세상이다. 차라리 매춘을 허락하지, 왜 우리의 아내와 여동생들을 이렇게까지 추하게 만드는지 정부가 밉다. 중소도시의 2층과 지하실에는 모두 공장들이 포진하고 있어 아낙들이 쉴 새 없이 부업꺼리를 핸드카로 실어 나르는 풍경은 어디로 사라지고, 몰래 아이를 재워놓고 나와 노래방 도우미로 살아가야 하는 여인들의 아이러니한 현실이 못마땅하다.

만 원짜리 지폐 한 장을 꺼내서 가만히 바라본다
곳곳이 위조할 수 없는 비밀이 숨겨져 있다
해와 달이 하나뿐이라는 일월오봉도,
반으로 접어보니 해와 달이 한곳에 겹쳐진다
음과 양의 기가 한 곳에 만나 통하는 세상
얼마나 많은 문양을 완성해야 이루어진다는 말인가
또한 보는 각과 빛에 따라 나타나는 홀로그램은
그 이치가 사람의 마음처럼 보인다
만 원짜리 한 장이면 한 달 치 소식을 전하는 월간 잡지를 사볼 수가 있고

어리광 부리는 조카딸의 입을 봉할 수도 있고
시인의 고단한 눈빛이 묻어 있는 시집 한 권을 사 볼 수 있는데
만 원짜리가 내 삶의 표현을 갉아 먹고 있다
얼마나 많은 이 세상의 말을 압축해 놓았으면
돈 앞에서는 할 말을 잃게 할까?

-「만 원짜리를 바라보며」전문

지난 2009년 6월 23일에 5만 원권 새 지폐가 발행되었다. 5만 원권 지폐가 시중에 나오면서 1만 원권 지폐는 점점 기운을 잃어간다. 외부에서 손님이라도 올라치면 5만 원짜리 한 장은 부숴야 대접이 된다. 시중의 밥이 6,7천원으로 오르면서 만 원짜리 한 장으로 둘이 밥을 사먹던 시절이 지나가고 있다. 보통 2,3만원씩 하던 결혼식, 장례식의 부조금도 최하 5만원으로 오르고, 조금 친하면 10만원을 내야 한다. 5만 원권의 등장으로 서민들의 봉급은 오르지 않고 씀씀이만 두 배로 오르게 된 것이다. 그래서 한 달 동안 땀 흘려 일한 보답으로 일정한 월급을 받아서 생활해왔던 월급쟁이 임영석 시인에게 만 원짜리 한 장은 더없이 귀한 돈이었을 것 같다. 임 시인의 말처럼 만 원짜리 한 장은 "한 달 치 소식을 전하는 월간 잡지를 사볼 수가 있고 / 어리광 부리는 조카딸의 입

을 봉할 수도 있고 / 시인의 고단한 눈빛이 묻어 있는 시집 한 권을 사 볼 수 있"다. 그러고 보면 아직까지 만 원짜리 한 장은 대단한 힘을 가졌다. 시인처럼 나도 만 원짜리 지폐 한 장을 꺼내 가만히 들여다본다. 가로 148mm, 세로 68mm다. 처음 나올 때는 너무 작아서 천 원짜리 같다느니, 돈 같지 않다느니 하는 말을 했었다. 위조할 수 없도록 홀로그램과 몇 번씩 겹친 문양은 첨단기법이 사용되었지만 서민들의 생활은 첨예하게 팍팍해져갔다. 그 후 10원짜리 동전이 과거의 1원짜리 동전처럼 작아졌다. 세상이 돈짝만 하다더니 정말 돈이 우습게 됐다. 임영석 시인의 말처럼 만 원짜리가 서민들 "삶의 표현을 갉아 먹고 있다. / 얼마나 많은 이 세상의 말을 압축해 놓았으면 / 돈 앞에서는 할 말을 잃게 할까?" 허리띠를 졸라매도 살기 힘든 세상이다.

딱히, 무엇을 말하기가 좀 그렇지만
책에서 읽지 못하는 글을 읽으러
산속 딱따구리 집 근처 밭으로 나는
주말마다 뜬금없이 찾아간다

일 년 넘게 딱따구리 소리를 들어왔건만
얼굴은커녕 눈인사 한 번 하지 못했다
그도 제 삶에 열중하느라 바쁘겠지만

겉눈으로라도 나를 훔쳐봤을 것이다

그의 사생활을 내가 방해하고 있는지 모르지만
필요 이상의 경계가 더 궁금증을 갖게 한다
하여, 살금살금 그의 집 근처까지 찾아가 몇 번을 보려 해도
딱따구리는 내 수고를 뒤로하고 나타나지 않는다

항상 일정한 거리에서만 들어야 하는 딱따구리 소리,
그 거리를 나는 아직 읽지 못하고 있다
딱따구리의 귀는 혜안(慧眼)으로 가득하여
내 발자국 소리만 듣고도 몸을 숨긴다

-「딱따구리」 전문

임영석 시인은 "책에서 읽지 못하는 글을 읽으러" 자주 산속 딱따구리 집 근처를 찾는다. 그런데 그의 말처럼 그는 일 년 넘게 딱따구리 소리를 들어왔지만 딱따구리를 만날 수 없었다. 딱따구리는 아무리 살금살금 기어가도 모습을 보여주지 않는다. 때문에 딱따구리 소리는 "항상 일정한 거리에서만 들어야"한다. 세상에는 딱따구리처럼 만나지 못하는 게 많다. 아니 딱따구리 소리처럼 일정한 거리를 두어야만 들리는 소리들이 많다. 임영석 시인은 "시의 소리가 그런 소리다."라고 은연중에 말하고 있다. 시는 직설화

법을 좋아하지 않는다. 많은 사람들이 물음 자체를 직설화법으로 늘어놓으며 그에 대한 대답 또한 무슨 명제를 던지듯 확고한 대답을 써놓으며 시라고 말한다. 이를테면 "삶이 그대를 속일 지라도 슬퍼하거나 노하지 말라"식이다. 그것은 격언이다. 시는 격언이나 명언을 말하지 않고도 오랫동안 사람들의 가슴속에서 살아왔다. 그 이유는 무엇일까? 시가 딱따구리의 언어를 사용하기 때문이다. 듣기 싫은데 자꾸 해대는 잔소리 같은 말이 아니라, 듣고 싶어서 일부러 찾아가야 들을 수 있는 말을 사용하기 때문이다. 시는 독자에게 스스로 다가가지 않는다. 독자가 시를 선택하는 것이다. 그러므로 시는 내 발로 찾아가 듣고 싶은 언어를 말해야 한다. '부모에게 효도해라. 나라에 충성해라. 서로 사랑해라' 같은 냄새나는 언어가 아니라 미소가 지어지는 언어, 일부러 찾아가 듣고 싶은 언어, 책방에 가서 고르는 언어다. 시는 인간의 상상력을 키우는데 매우 중요한 역할을 한다. 그래서 이 시 「딱따구리」에서처럼 상상할 수 있는 폭이 증폭된 시의 언어를 사용할 수 있다는 것은 임영석 시인의 매우 큰 자산이다. 베르니스(Jeanne Benis)sms 그의 저서 『상상력 서설』에서 '시를 창조하는 정신적 능력으로서의 상상력을 정의'하고, 그 결과를 '감각적 재생물과 환상적 창조물로 나누어 설명'한 바 있는데, 베르그송(Henri Bergson)은 "시인은 이미지를 통해 가정과 사고를 키운다"고 했던 바, 딱따구리 소리와 작가의 거리 사이에 끼어있는 이미지는 희망, 소망, 고향, 이데아, 미래, 사랑, 만남 같은 꿈의 이미지들이 임영석 시인이 지각하는 감각적 환상물, 즉 딱따구리 소리를 통하여 환상적 창조물로 즉 꿈의 언어로 재편되고 있는 것이다.

1.
커다란 냉장고에 옥수수를 쪄서
한 겨울 먹겠다고 보관해 두었다
여름이 냉동되어 있다
그것도 한 겨울에 냉동된 여름을 풀어
맛을 보겠다는 것이다
그러나 여름의 맛은 쉽게 오지 않는다
뜨거운 불에 제 몸을 녹여야 온다

2.
친구 여식(女食) 결혼식장에서
30년 만에 초등학교 여자 친구를 만났다
앉자마자 술부터 권하는 친구
내가 누구라고 말하지만 기억이 없다
내 기억이 해동되지 않아 따라주는 술만 마셨다
술로 내 기억을 해동시켜주는 친구
그래도 기억이 나지 않는다고 하자
그 기억으로 무슨 시를 쓰냐고 한다

널 기억하지 못해 미안하다고 했다
돌아오며 생각하건데, 30년 동안 얼려놓은 기억
술 몇 잔에 해동되었다면 나는 죽었을 것이다

-「해동(解凍)」 전문

우리는 방금 '옥수수'와 '기억'을 잘 대비해서 '해동'의 이미지를 완성시킨 시 한 편을 읽었다. 참으로 잘 비교되었다는 생각이 든다. 어릴 적 한 겨울에 물고기를 잡으러 간 적이 있다. 동구 밖 큰 개울까지 가서 물고기를 잡았다. 반두로 물고기를 잡아 허리에 차고 다니는 종댕이(싸릿가지를 펴서 만듦)에 넣으면 영하 10도가 넘는 추운 날씨에 물고기는 바로 얼어붙었고, 집에 돌아와 두레박 우물에서 물을 퍼 물고기를 담가 놓으면 신기하게도 얼었던 물고기들은 모두 되살아났다. 말하자면 해동이 된 것이다. 급류를 오르던 지느러미도 물속에서 눈을 뜨는 물고기 눈도 모두 해동되어 개울에 도로 놔주면 기억까지 해동되어 다시 유유히 헤엄쳐가는 것을 본 기억이 있다. 임영석 시인의 말처럼 옥수수는 겨울에 냉동보관을 했다가 녹일 지라도 옥수수 고유의 맛이 나지 않는다. 솥에 넣고 팔팔 끓여 한 번 다시 삶아내야 옥수수 특유의 맛이 살아난다. 그것은 비록 냉장고 안에서 겨울을 난 옥수수지만 뜨거운 여름의 기운을 쏘여주지 않고는 옥수수의 참맛을 느낄 수 없다. 곡식이 있는 농지에는 가로등을 꺼주어야 한다. 만일 그렇지 않고 밤새 가로등을 켜놓는다면 참깨와 콩이 죽정이가 되고 만다. 잠을 재우면 씨알이 드는 곡식, 잠을 안 재우면 하루에 두 개의 알을 낳는 암탉, 해동시켜도 한 번 뜨겁게 삶아내야 참맛이 나는 옥수수를 가만히 살펴보면 자연이 가지는 기억력은 실제로 위대한 것이다. 하물며 자연도 기억력을 해동시켜줘야 하는데 30년이 지난 여자동창의 이름을 기억하지 못한다며 따라주는 소주 몇 잔으로 기억력을 해동시킬 수 있을까? 미국의 심경심리학자 브라이앤 배처는 "뇌는 기억력을 보다 강화하기 위해 새로운 연결패턴을 계속해서 만드는 신경가소성 현상을 일으킨다."면서 "기억력을 개선하는데 늦은 나이는 없다."고 말한다. 우리 주변을 살펴보면 시인이 자살한 경우는 가끔 보지만 시인이 치매를 앓았다는 조사는 없다. 그만큼 시쓰기 작업은 뇌를 발달시키기 기억력을 증가시킨다. 30년 만에 만난 옆에 앉은 여자 친구가 기억나지 않는 것은 학교에 다닐 때 친구와 아무런 연관이 없어서 그렇다. 같은 동네에 살지도, 같은 반을 하지도, 같은 반이라도 서로 멀리 떨어져 앉고 짝꿍을 해보지도 않았기 때문에 기억나지 않는 것인데, 그 기억을 소주 몇 잔으로 해동시킬 수는 없는 것이다. 왜냐하면 저장이 되지 않았기 때문에, 추리해낼 도구도 추억도 없기 때문에 그 친구가 생각나지 않는다. 그렇지만 그 시절의 추억은 모두 대동소이하기에 어디 어디 살았고, 누구랑 다녔다는 기억의 도구를 사용하면 금방 친구사이는 복원된다.

구족(具足)으로 글을 읽고 쓰던 어머니는
"염치가 없습니다"라는 말을 입에 달고
칠남매의 심성(心性)을 가르쳤는데
그 염치를 나는 잘못 배웠는지
부지깽이 매만 아프다고 느끼며 살아왔다

스물다섯 번째 되는 어머니 기일(忌日),
음복 술 한 잔 마시고 나서
우리 형제자매 잘못을 용서받기 위해 어머니가
'염치가 없다'는 말, 얼마나 많이 하셨는지 아시느냐 말하니
형들도 염치가 없는지 아무 말 하지 않았다

- 「염치(廉恥)가 없다」부분

아버지는 빈 소라껍질,
나는 그 소라껍질 속의 게,
일 년에 한 번 고봉밥 차려 놓고
세상 어디를 다니시는
아버지를 모실 때면

손자가 낳은 증손자까지 절해도
맹물에 밥 한술 말아놓고 그만 가신다
증손자는 언제 왔다 갔냐고 묻지만,

-「아버지」 부분

나는 제비 새끼처럼 병원을 들락거리며
형의 눈빛을 가슴에 담기 위해 애썼다
65년이라는 생이 무너지던 날
콧구멍은 바람을 더 밀어 넣지 못 했다
눈은 앞을 더 바라보지 못 했다
가슴에 쿵쿵거리던 심장이 돌처럼 굳어갔다
화장을 해서 유골함을 받아들고
고향땅에 묻기까지 형은
세상의 삶을 한 마디로 정리해 주었다

-「生의 일기 · 1 - 형이 죽다」 부분

임영석 시인은 다섯 살 때 아버지를 여의었다는 말은 일찍이 글로 알고 있었다. 그래서 형을 아버지처럼 여기며 자랐다는 말도 알고 있었다. 그런데 어머니께서 25년 전에 돌아가셨다는 말은 지금 이 시를 읽으며 처음 듣는다. 게다가 어머니는 손을 쓰지 못하시고 발로 글을 쓰고 읽으셨다니 가슴이 시리다. 그런 어머니께서 늘 자식들에게 염치가 없다고 하셨다니 그런 훌륭한 어머니한테서 임영석 같은 훌륭한 심성을 지닌 시인이 태어난 게 아닌가 싶다. 그렇게 일찍 부모님을 여의고 나니 가정의 대소사는 모두 형이 챙겼고, 형은 임영석 시인에게 아버지 같은 존재였다. 그래서 그에게 아버지는 빈 소라껍질 같은 존재였다. 소라의 맛을 모르고, 아버지의 맛을 모르고 자란 빈 소라껍질 속의 게, 그게 임영석 시인이다. 아버지의 제사를 지낼 때면 큰형이 낳은 조카자식의 아이, 즉 증손자가 '할아버지가 언제 왔다 갔느냐' 물어도 아버지의 존재는 보이지 않았다. 대신 그 자리를 형이 채워주었다. 얼마 전, 나는 임영석 시인의 형께서 영면하셨다는 소식을 듣고 임영석 시인의 고향인 충남 금산으로 달려갔다 온 적이 있다. 아버지를 모르고 자라나는 어린 동생에게 울타리가 되어준 형이 너무나 고마워서 나는 임영석 시인 대신 내 친구 영석이를 보살펴주셔서 고맙다고 진심으로 인사를 드렸다. 그런 형이 병석에 누웠으니 임 시인의 마음이 얼마나 찢어지도록 아팠을까? 미루어 짐작이 간다. 초등학교 다닐 때 '의좋은 형제'라는 형제 이야기를 배운 적이 있다. 밤이면 서로의 논에다 볏짐을 져다 놓는 형제는 결국 볏짐을 지고 형은 아우의 논으로, 동생은 형의 논으로 가다가 만난다는 아름다운 이야기인데, 아마도 임영석 시인 형제들이 그렇게 아름답게 살아가고 있는지 모른다. 보통의 설화들은 형이 못된 성품을 지녔고 아우는 착하고 순해서 아우가 당하는 일이 많다. 서양에서는 카인과 아벨이 그렇고, 우리나라에서는 흥부와 놀부가 그렇다. 그런데 이렇게 임 시인의 형제들처럼 아름다운 형제가 있다는 것은 현대를 살아가는 우리들에게 귀감이 되는 이야기다. 얼마 전 우연히 그의 가족사진을 본 적이 있는데 몇 남매인지는 확실히 모르지만 아이에서부터 노인에 이르기까지 수십여 명의 가족들이 같은 유니폼을 입고 사진을 찍은 장면을 보고 부러워서 나도 돌아와 아버지를 모시고 형제들과 함께 가족사진을 찍은 적이 있다. 그 후 얼마 되지 않아서 아버지는 돌아가셨다. 그때 가족사진을 찍은 일은 정말 잘 한 일 같다.

1987년 입사해서 지금까지 하루도 빠지지 않고
나는 먹고살기 위해 일을 했다
내 또래의 친구나 동료들은 진급을 해서
계장도 되고 직장도 되고 기장이 되었다
그런데 기능직들의 진급이라는 게
누가 더 충성심 강하고 복종을 잘하는가에 달려있다는 것이다
일을 열심히 잘 했다고 공로상도 몇 번 받았지만
나는 애초에 진급의 대상자가 아니다
복종심 없고 정직함 하나만 내세우는 나보다는
허수아비 노릇 잘하는 친구들이 제격이었다

어떻게 보면 영화 시나리오 같은 일들이
나의 직장생활에서도 수 없이 있었다
그래서 나는 술친구를 끊었다
내 직장생활의 점수는 빵점이다
노조위원장 했던 친구들도 내 친구가 아니다
진급을 해서 직장 기장이 된 친구도 내 친구가 아니다
나는 항상 현장에서 형으로 통했다
그냥 형이라 부르라고만 했다
소금처럼 짜다는 말만 듣고 살았다
말이 안 통한다는 말만 듣고 살았다
전태일은 나 같은 사람 수백 명 가슴에 담고 살았을 것이다
그래서 전태일이 못된 나는 2016년 5월 16일부로 노동을 멈추었다

-「生의 일기 · 2 - 직장생활」 전문

임영석 시인은 지난 5월 16일 명예퇴직을 했다. 1987년 입사해서 만 30년 동안 근무했다. 그는 진급하지 못해 평생 평사원으로 근무했나 보다. 직책도 없이 그냥 형이라고 부르라고 했다니 그런 어려움을 딛고 견뎌준 인내가 눈물겹다. 같이 입사한 친구들과 나중에 들어온 후배들은 진급을 해서 상관 행세를 하는데 얼마나 힘들었을까? 그럼에도 가정을 위해 참고 견뎌준 세월이 참으로 고맙다. "소금처럼 짜다는 말만 듣고 살았다"하니 얼마나 아끼고 근면하게

살아왔는지 가늠할 수 있다. "말이 안 통한다는 말만 듣고 살았다"고 하니 자신의 일에 대하여 얼마나 고집스럽게 지켜내며 신념을 가지고 살아왔는지 가늠이 된다. 노동자 시인이 어떻게 이렇게 좋은 시를 쓸 수 있었을까? 그는 월급의 일정부분을 떼어내 정기적으로 시집을 산다. 그리하여 시에 몰두할 수 없는 열악하고 힘든 환경을 스스로 개선하며 최고의 시를 쓸 수 있게 된 것이다.

2012년 쯤 스토리문학 식구들이 영월에서 영월사람들과 문학의 밤을 열 때, 그는 스토리문학 발전을 위해 '1인 1계좌 1만원 운동'을 발의하며 스토리문학 출신들이 스토리문학을 사랑하지 않으면 스토리문학은 살아남을 수 없다는 주장을 펴주었다. 그리고 가장 먼저 계좌를 터 내게 힘이 되어주었다. 그 어렵고 힘든 시기에 스토리문학은 임영석 시인이 발의한 '1인 1계좌 1만원 운동'에 힘을 얻어 도약의 발판을 마련하였으니, 그에게 백번 고맙다며 술을 사도 좋겠다.

이상에서처럼 임영석 시인의 시 몇 편을 읽어보며 그의 시세계와 30년의 직장생활을 살펴보았다. 나는 그를 의지의 한국인이라 말하고 싶다. 그는 교수, 교사, 공무원 등의 화이트칼라가 아닌 노동자 계급의 블루칼라이면서도 정신만은 화이트칼라를 고집했던 시인이다. 그는 뚜렷한 호칭이 없이 형으로만 불리면서도 직장에서나 사회에서 정신적 리더 역할을 해온 시인이다. 대기업 제품만 선호하는 소비자들에게 그의 고집스런 30년 장인정신이 그가 몸담았던 회사에게 '세계 최고를 지향하는 자동차 조향부품을 생산하는 만도'라는 최고의 호칭을 붙여준 시인이다.

고졸출신으로 대학 문턱에 발을 들여놓은 바 없는 그는 박봉을 털어 한 달에 수십만 원어치의 시집을 사며 노력해왔다. 그런 노력으로 그는 계명대학교 교양학교재 '현대시 새겨 읽기에 「받아쓰기」가 수록되기도 했다. 세상은 노력하는 자의 것이라는 말이 임영석 시인 같은 사람을 두고 한 말이라는 것이 이제 확실해졌다. 그는 아직 젊다. 지금의 지속성과 성실함으로 노력해나간다면 그는 분명 우리나라에서 최고로 존경받는 시인이 될 것이다. 여덟 번째 시집의 출간을 진심으로 축하드린다.

임영석 시집

받아쓰기

초판인쇄일 2016년 8월 25일
초판발행일 2016년 9월 01일

지은이 : 임영석
발행인 : 김순진
편집장 : 전하라
디자인 : 김초롱
펴낸곳 : 문학공원
등 록 : 2004년 3월 9일 제6-706호
주 소 : 우편번호 03382 서울 은평구 통일로 633
녹번오피스텔 501호 스토리문학사
전 화 : 02-2234-1666
팩 스 : 02-2236-1666
홈페이지 : http://cafe.daum.net/yob51
이메일 : 4615562@hanmail.net

※ 이 시집은 2016년 강원도 강원문화재단 전문가 지원 창작기금을 받아 발간되었습니다.